U0561739

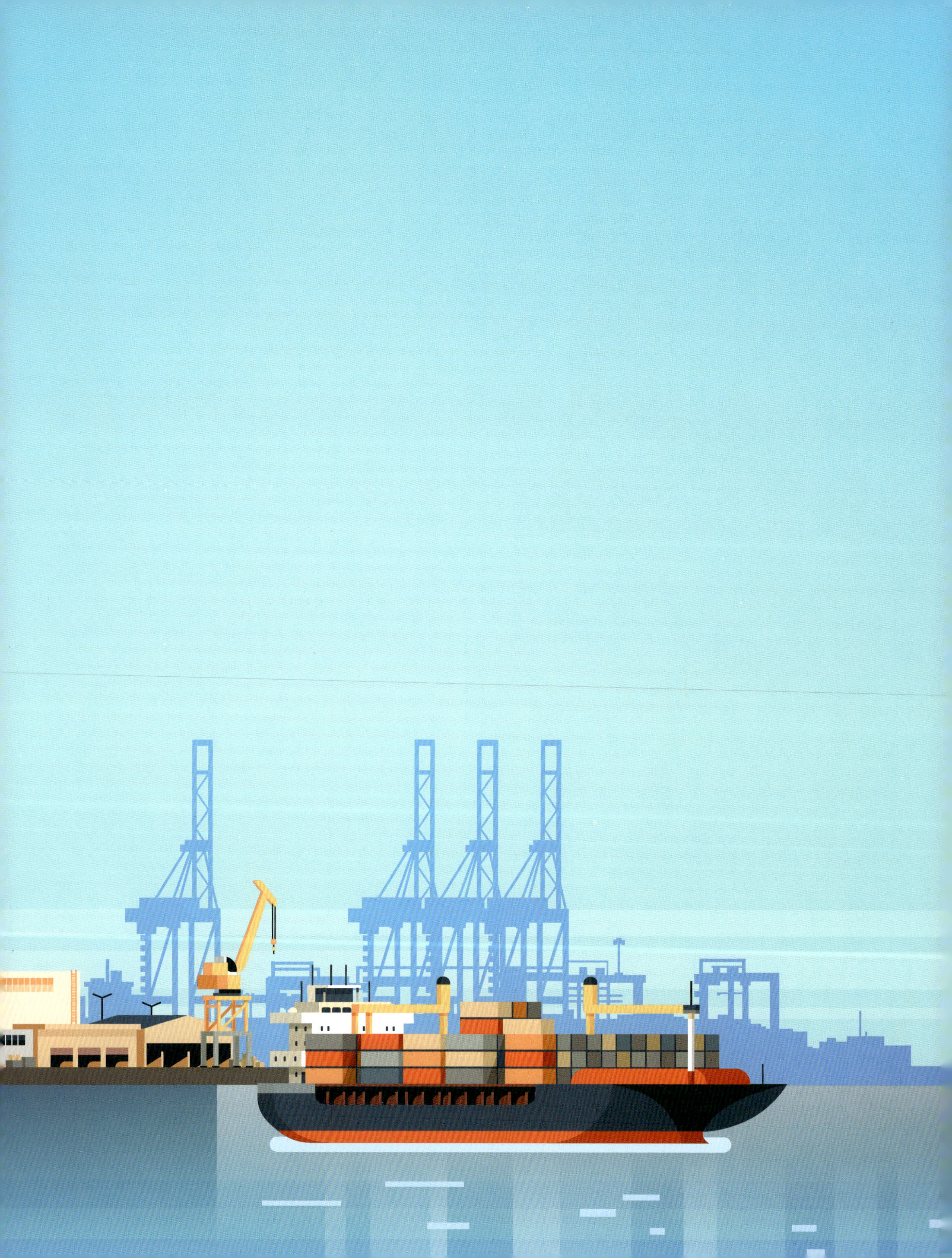

国家出版基金项目
NATIONAL PUBLICATION FOUNDATION

CHINA
这就是中国

你好，中国港

朱泓 著　杜仁杰 绘

北京时代华文书局

图书在版编目（CIP）数据

你好，中国港 / 朱泓著；杜仁杰绘. — 北京：北京时代华文书局，2019.12（2022.4重印）
（这就是中国 / 朱泓主编）
ISBN 978-7-5699-3211-9

Ⅰ. ①你… Ⅱ. ①朱… ②杜… Ⅲ. ①港口－中国－青少年读物 Ⅳ. ①U659.2-49

中国版本图书馆CIP数据核字(2019)第228957号

这 就 是 中 国
ZHE JIU SHI ZHONGGUO

你 好 ， 中 国 港
NIHAO，ZHONGGUO GANG

著　者｜朱　泓
绘　者｜杜仁杰

出 版 人｜陈　涛
选题策划｜许日春
责任编辑｜许日春　石乃月　沙嘉蕊
审　　订｜陈　龙
责任校对｜陈冬梅
装帧设计｜孙丽莉　九　野
责任印制｜訾　敬

出版发行｜北京时代华文书局 http://www.bjsdsj.com.cn
　　　　　北京市东城区安定门外大街138号皇城国际大厦A座8楼
　　　　　邮编：100011 电话：010-64267955 64267677
印　　刷｜小森印刷（北京）有限公司
　　　　　（如发现印装质量问题，请与印刷厂联系调换，电话：010-80215073）
开　本｜889mm×1194mm 1/16　印　张｜2.75　字　数｜72千字
版　次｜2021年7月第1版　　　印　次｜2022年4月第2次印刷
书　号｜ISBN 978-7-5699-3211-9
定　价｜38.00元

版权所有，侵权必究

目 录

港口是什么？	2
走进渔港	6
港口里有什么？	8
港口装卸的原则	12
堆满港口的集装箱	14
各式各样的船：古代的船	16
各式各样的船：现代的船	18
港口里的职业	20
中国古代的港口	22
古代海上丝绸之路	24
中国现代的港口	26
未来的港口什么样？	30
"一带一路"让中国港口走出去	32
你知道吗？	34

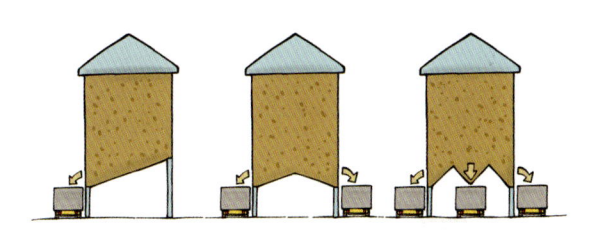

港口是什么？

我们经常看到，在河、海等的岸边设有便于船只停泊、货物装卸以及旅客上下的码头，这便是港口。这些港口是水陆交通的交接点，是工农业产品和进出口货物的集散地，在社会经济的发展中发挥着不可替代的作用。

港口的选址：

港口的选址主要受限于自然条件和人为因素两方面：自然条件主要为港口水深、码头余留线长度以及港口陆域高程等，它是决定港口选址的自然基础；人为因素主要表现为港口经济腹地范围、货运量以及工农业生产等，它是决定港口选址的重要依据。

你好，中国港

3

港口的分类：

随着社会日新月异的发展，港口也在不断建设与完善。按其服务对象的不同，港口大致可分为以下几类：

1. 商港：供商船往来停靠、装卸货物、办理上下游客业务的港口。2. 渔港：专供渔船停靠、渔货装卸、物资补给的港口。3. 工业港：为临近江河湖海的大型工矿企业直接运输燃料、原料的港口。4. 避风港：当船舶在航行或作业过程中遇到突发性风暴时，供船舶躲避风浪以及进行修补的港口。5. 军港：配有专门设备及防御设施，专供军舰使用的港口。

这就是中国

小知识

用来衡量港口工作规模的基本指标，被称为"货物吞吐量"。它往往以吨或标准集装箱（TEU）为统计单位。货物吞吐量仅包括一年内由水运输出、输入港区并经过装卸作业的货物总量或集装箱数量，不包括同一船舶运载进港，未经装卸的货物。

港口库场是指各港口为船舶货物提供的仓库和堆场。它对加快货物周转、缩短车船停留时间以及提高货运质量具有重要作用。仓库和堆场是供货物装船前和卸船后短期存放使用的。较贵重的杂货多存放于仓库内，矿石、建材等不怕风吹雨淋的多存放于堆场。

码头断面形式分类

直立式：多用于水位变幅不大的港口，如海岸港、河口港。

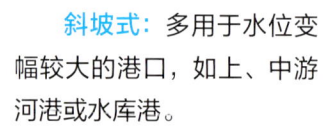

斜坡式：多用于水位变幅较大的港口，如上、中游河港或水库港。

半直立式：适用于高水位时间较长，而低水位时间较短的情况，如水库港。

半斜坡式：适用于枯水期较长而洪水期较短的山区河港。

泊位

港区内专门用来停靠船舶的位置，叫作泊位。泊位长度一般取决于船舶的长度和船与船之间的必要安全间隔，而安全间隔的大小则取决于船舶的大小。一般而言，一个万吨级泊位的长度可达200—300米，彼此安全间隔约为15—20米。泊位数与每个泊位的长度决定了码头线的长度。泊位数量的多少与泊位大小也是衡量一个码头规模的重要指标。

你好，中国港

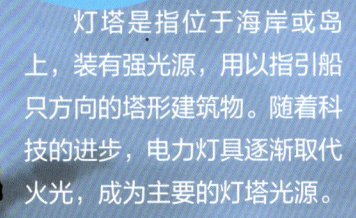

灯塔是指位于海岸或岛上，装有强光源，用以指引船只方向的塔形建筑物。随着科技的进步，电力灯具逐渐取代火光，成为主要的灯塔光源。

斜坡式防波堤是我国应用最广泛的堤坝形式。

海　　港

港口水域和港口陆域是什么？港口水域是指港界线以内的水域位置，主要包括进出港航道、港外锚地、港内锚地、码头前沿水域、船舶掉头区以及防波堤等。港口水域一般应符合两方面的条件：有足够的深度和面积，以保障船舶可安全地进出港口、靠离码头；水面基本平静、水流缓慢，以保障船舶能稳定地停泊、装卸作业。港口陆域是指码头的作业区、堆放区、港内道路以及集疏港设施用地，主要设施有码头、泊位、库场、道路、装卸机械等。港口陆域应有适当的高程、岸线长度和纵深，以便安置货物和设备。

码头又叫渡头，是指在江河沿岸专供船舶停靠、货物装卸及旅客上下的水上建筑物。直立式码头便于船舶停靠，有利于提高装卸效率，成为当前应用最广泛的码头形式。

走进渔港

渔港由在水中的设施和陆上的设施两部分构成，主要用于船舶停靠、锚泊、避风、装卸渔获物、补充渔需等方面。同时，渔港还可以进行冷藏加工、渔船维修及制造、通信联络及娱乐休闲等活动。

拖网渔船

捕捞对象：虾、蟹以及底层与中层水域的鱼类。拖网渔船是用渔船拖着渔网前进，把海里的鱼儿兜进去，然后再利用甲板上的绞车收网，将鱼儿拉上岸。

有些鱼易腐坏变质，在捕猎后需要进行快速加工。所以渔港周边建有许多鱼类加工厂。此外，一些在远海航行的大型拖网渔船，在船上就可以实现鱼类的初加工。

小知识

2018年，国家发改委、农业农村部联合编制了《全国沿海渔港建设规划（2018—2025年）》，提出将规划建设辽东半岛、渤海湾、山东半岛、江苏、上海－浙江、东南沿海、广东、北部湾、海南岛、南海10大沿海渔港群。

你好，中国港　　7

延绳钓渔船

捕捞对象：大中型掠食鱼类。有一些鱼（如金枪鱼）因游动速度太快，很难被捕网捕获，于是渔民发明了延绳捕鱼的方法。他们在捕捞地点，放下长达几十千米或几百千米的鱼线，并将成百上千的鱼钩绑在鱼线上，等待鱼儿的到来。有时，延绳上面还会有浮球和电子鱼漂，收网时，人们为了捕捞这些大中型掠食鱼类，会使用电子击鱼器将其电晕。

围网渔船

捕捞对象：海洋中游行迅速的上层鱼群。因围网渔船具有回转性好、稳定性要求高、主机功率大等特点，它可以有效捕捞在海面附近活动的鱼群。

渔港周围一般都设有海产交易市场，渔民们把渔猎来的成果卖给鱼商，鱼商再负责将货物运输到更远的市场上进行交易。

港口里有什么？

在港口常见的装卸、搬运机械设备有哪些？它们是如何进行作业的呢？

四连杆门座式起重机广泛应用于港口装卸、修造船只、建筑安装，它可以沿地面轨道行进，下方可通过铁路车辆或其他地面车辆。按其用途，四连杆门座式起重机可分为装卸用门座式起重机、造船用门座式起重机以及建筑安装用门座式起重机。

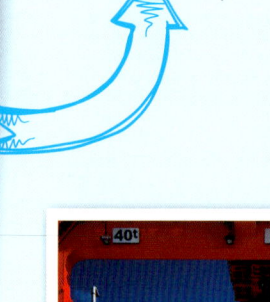

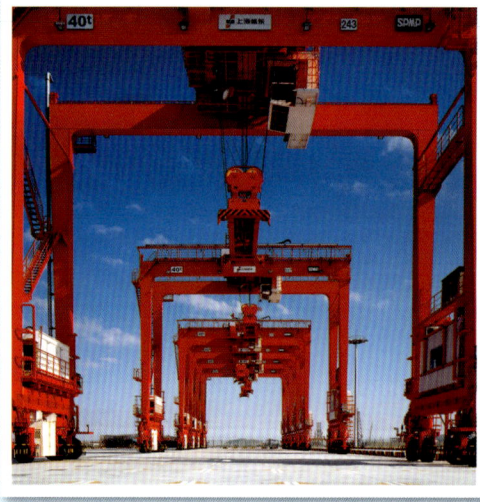

龙门式起重机是桥式起重机的变形，主要用于室外的集装箱堆场的装卸作业，具有场地利用率高、适用面广、通用性强等特点。这种起重机的工作级别较高，起升速度可达35—52米/分钟。因此，在港口货场经常可以看到它的影子。

你好，中国港　9

集装箱跨运车主要负责集装箱的装卸工作，承担由码头前沿到堆场的水平运输以及堆场的集装箱堆码任务。它具有效率高、轮压低、稳定性好等特点，成为集装箱码头和堆场的关键设备。

岸边集装箱起重机一般安装在港口码头岸边，负责靠泊船只的装卸作业，是集装箱码头的主力装卸设备和标志性建筑。

叉车装卸车，又称叉车、铲车、万能装卸车，主要依靠能升降的货叉对货物进行堆垛、拆垛以及搬运。

这就是中国

起重船又称浮吊，主要用于大件货物的装卸。船上有起重设备。起重量一般从数百吨至数千吨。

抓料机是一种多用途、高效能物料处理设备，具有安全环保、节能价廉的优点。可对废钢、矿石、铁粉、煤炭等小范围、大批量的泡、松、散、扯、乱类物料进行快速装卸、堆垛、喂料作业。

你好，中国港　11

斗轮堆取料机是散状物料（散料）堆场内的专用机械，既可以利用斗轮连续取料，又可以利用带式输送机连续堆料。

高架起重机具有效率高、适应性强、自重轻、智能化程度高等优点，主要用于码头装卸区域的集装箱、散货、件杂货和大件装卸。

输送机具有输送量大、输送距离长、输送平稳、方向易变、噪声较小等优点，普遍适用于输送散装的粮食、水泥、煤炭、沙石等物料。

港口装卸的原则

👉 **直线原则**：为缩短货物因位移产生的空间和时间，设计港口装卸路线时，应尽量遵守"两点之间线段最短"的原则，从而减少不必要的迂回。例如，在布置大面积堆场时，可在堆场中间设计一条线路以缩短集卡绕场行走所产生的距离。

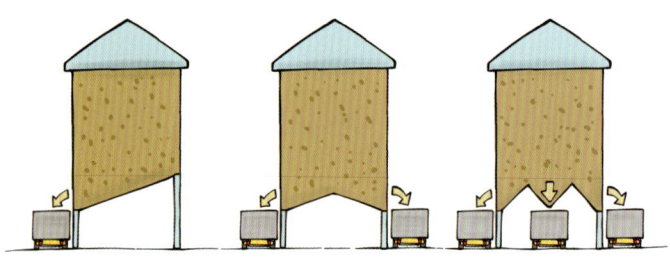

利用重力原则设计的高架存仓装车系统

👉 **重力原则**：货物因地球的引力而产生重力，在装卸作业中，可以采用高站台、低货位、滑溜化的作业方式尽可能利用重力原则，从而节约能耗。

👉 **单元原则**："单元"是指整体中自成一组或自成系统的独立单位。在装卸作业时，为提高效率，可以采用成组运输、集装箱运输、车辆轮渡等方式以尽可能扩大货物一次装卸、搬运和储存的单元。

你好，中国港   13

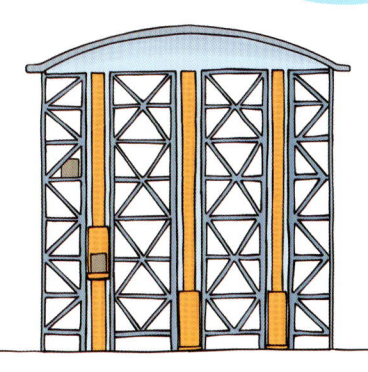

👉 **空间原则**：货物堆存过程中，应充分利用仓库、堆场允许的空间高度，如采用立体仓库、叉车堆高等方式，以达到在最小的空间里堆存最大量货物的目的。

👉 **使用工具原则**：在装卸货物的过程中，应尽可能使用操作方便、高效的恰当工具。选择装卸搬运的工具应遵守以下原则：使用安全，不存在隐患；保证货物完整无损；充分利用起重机的起重力；尽量减小施工强度；尽量避免多次堆叠。

港口作业示意图：叉车—门机—船

👉 **时间原则**：在货物装卸、搬运和储存的过程中，应尽可能使作业线上的人力、设备都得到最大限度的发挥，压缩时间，减少机器磨损。

小知识

起重机械与运输机械是港口装卸机械的两种重要形式。前者应用于竖直方向的起吊货物；后者应用于水平方向的搬运货物。

堆满港口的集装箱

集装箱是指专供周转使用的具有一定强度、刚度和规格的大型装货容器，它是物流系统逐渐标准化、规模化与高效化的重要体现，对运输市场、全球贸易的稳步上升具有不可替代的作用。

你好，中国港

小知识

通畅的道路对集装箱运输至关重要。港区内的道路要能通往码头前沿和各堆场，回路要通畅。同时，为减少相互间的干扰，应尽量分开设置集装箱运输的进口与出口，且尽量减少与装卸线的平面交叉。

货轮靠岸后，巨型龙门起重机便忙碌起来了。它通过一系列的自动化操作，不到两分钟，一个集装箱便已从船上卸到了卡车上。

每个集装箱都有一个代码，这样，工作人员就可以很快找到相应的箱子。

这就是中国

郑和宝船结构图

各式各样的船：古代的船

大大小小的船在港口穿梭不息，那么，早期的船只是什么造型的呢？

船首正面雕刻着威风凛凛的猛兽浮雕，两舷侧前部布满彩绘和飞龙浮雕，后部布满凤凰彩绘，船尾部板上方则绘有大鹏鸟。

船体采用全木结构，通过锹钉、铁锔（jū）、铲钉、蚂蟥钉等各种船钉将各构件拼合、挂锔、加固在一起，从而确保船体不漏水。

你好，中国港

中国造船业源远流长，拥有悠久的历史。中国是世界上最早制造出独木舟的国家之一。商代以来，我国已拥有带舱的木板船，到了汉代，造船技术进一步发展，船上除配有桨外，还有锚、舵。唐代出现了利用车轮代替橹、桨划行的车船。在宋代，罗盘针（指南针）在航海中得到了广泛应用，并出现了避免触礁沉没的隔水舱以及10桅10帆的大型船舶。明代可谓中国造船技术的鼎盛期，出现了郑和下西洋的盛举。

桅帆总体采用纵帆型布局、硬帆式结构，帆篷面配有起加固作用的多根撑条。

船型采用"底尖上阔"的结构，船头昂，船尾高。

为提高分舱水密抗沉能力，满足不同船舱的要求，船体机构上设有多道横舱壁，且按功能分割成若干个小舱，多则28舱，少则23舱。

小知识

1865年，由曾国藩、李鸿章联合创办的，江南造船厂的前身——江南机器制造总局，是清朝洋务运动中成立的近代军事工业生产机构。

这就是中国

各式各样的船：现代的船

如今在热闹的港口里停靠的是什么样的船呢？它们又发挥着什么样的作用呢？

集装箱船

集装箱船的结构和形状与常规货船不同，可分为全集装箱船和半集装箱船两种。集装箱船因装卸速度快、停港时间短，不但可以节约装卸劳动力、节约费用，而且还可以减低货物的损耗。

杂货船

杂货船通常根据货源的具体要求，一般装载包装、袋装、箱装和桶装的普通货物。杂货船因吨位小、灵活度高、空间大、运营成本低等优势，在运输船中占有较大比重。

油船

广义上的油船是指散装运输各种油类的船，而通常所称的油船，一般是指运输原油的船。油船的甲板上除驾驶舱外几乎没有其他耸立的构件。为将码头上的管道吊到油船上与油船上的管道系统连接在一起，油船的中部多装有一个小吊车。运输原油的船，其航速一般为28千米/小时，属于慢速船。

拖网渔船

拖网渔船就是用拖网来捕捞鱼类的船。拖网是一种效果好、适用范围广的捕鱼方法，但捕捞后需对捕捞区进行一段时间的休渔，否则容易破坏生态系统。

你好，中国港　19

客船

客船的主要运载对象为旅客及其所携带的行李。

冷藏船

冷藏船是专门用来运载易腐食品的船只，它可以使鱼、肉、水果、蔬菜处于低温或冻结状态。因受货运批量限制，冷藏吨位一般为数百吨至数千吨，吨位并不大。冷藏船里的冷藏舱常被隔成若干个独立的封闭型舱室，且为防止货物堆积过高而压坏下层货物，冷藏舱的上下层甲板之间，或甲板和舱底之间的高度较其他货船的小。

滚装船

滚装船是在汽车轮渡的基础上发展演化而来，具有装卸速度快、装运货物灵活、无须中转、直接完成"门到门"运输等优势，在我国海上航线运输中发挥了巨大作用。

散货船

散货船主要适用于散装货物，如矿砂、煤炭、水泥、化肥等。

> **小知识**
>
> 截至2018年，我国制造的最大的超大型矿砂船（VLOC）载货量突破40万吨。

港口里的职业

在港口，除了可以看到货物和船舶外，还可以看到为之忙碌的工作人员。那么，港口有什么有意思的职业呢？

港口领航员

港口领航员的日常事务主要是为第一次到本港口的船舶提供从锚地到指定泊位的航行线路指引、航标和堤头灯的指认以及浅点辨识、潮流的提示等。

码头调度员

码头调度员的工作即协调组织装卸工作，安排船舶在港期间的委办事宜，妥善处理作业过程中出现的突发情况，保障工作顺利进行。

水上警察

水上警察简称水警，是指专门在国家拥有领土主权的海港、河港、水运码头与水上运输航线等区域进行巡查事务的警察。

海关

海关是负责进出关境监督管理的国家行政机关。基本任务是监管进出口货物、征收关税和其他税费、查缉走私、编制海关统计，并承担口岸管理、保税监管、海关稽查、知识产权海关保护、国际海关合作、出入境检验检疫等职责。

你好，中国港　21

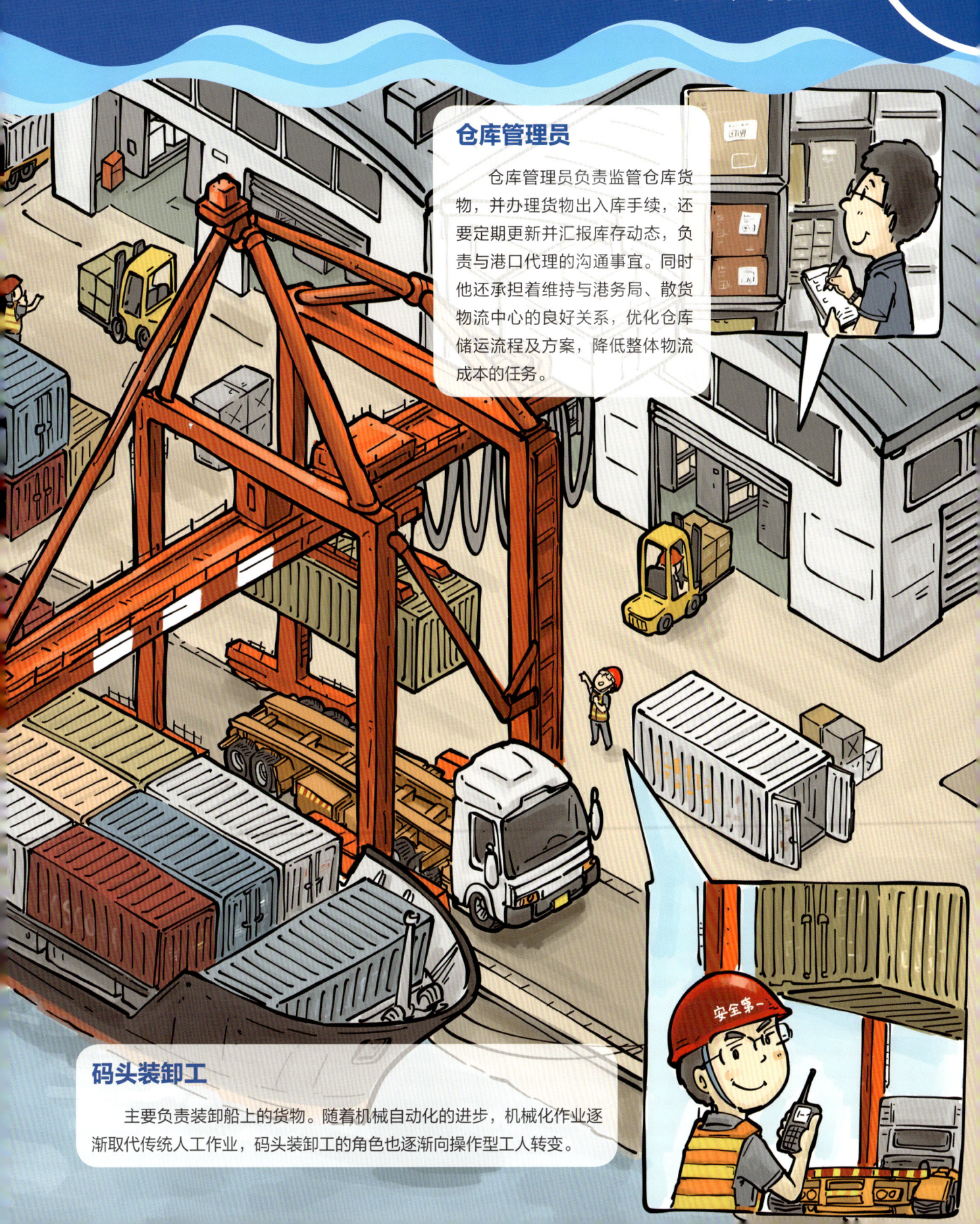

仓库管理员

仓库管理员负责监管仓库货物，并办理货物出入库手续，还要定期更新并汇报库存动态，负责与港口代理的沟通事宜。同时他还承担着维持与港务局、散货物流中心的良好关系，优化仓库储运流程及方案，降低整体物流成本的任务。

码头装卸工

主要负责装卸船上的货物。随着机械自动化的进步，机械化作业逐渐取代传统人工作业，码头装卸工的角色也逐渐向操作型工人转变。

中国古代的港口

中国的海洋文化源远流长，港口作为海洋文化的载体之一，也在不断发展壮大。中国古代的港口从新石器时代原始港点，到清代较为成熟港口的出现，一直是以城镇经济为依托的。港口的不断完善，促进了漕运的兴盛、国内商品经济的繁荣和海上丝绸之路的发展，对古代中国国力的强盛、皇权的巩固、军事的强大、文化的融合起到了不可低估的作用。

你好，中国港　23

古代三大港口

广州

广州古称番禺，是中国通往世界的南大门。凭借得天独厚的优越条件，广州自3世纪起就已成为海上丝绸之路的主港，尤其在清朝禁海锁国时期，更是处于"一口通商"的局面。目前，广州是世界海上交通史上唯一的逾两千年长盛不衰的大港。

泉州

泉州位于福建南部，东临东海，紧接台湾海峡，海岸线曲折蜿蜒，是不冻不淤的天然良港。泉州在元代曾为世界第一大港，海上贸易东至日本，西达东南亚、波斯、阿拉伯、非洲地区。元代民间航海家汪大渊从泉州港出发，历游海外，曾著有《岛夷志略》一书，涉及国名、地名多达百余处。

宁波

宁波地处东南沿海，北濒杭州湾，南临三门湾，东有舟山群岛，西靠嵊州、新昌、上虞，自然条件可谓相当优越。隋朝时，浙东运河与京杭大运河相连，宁波由此成为大运河的出海口，更成为经久不衰的东海大港。

古代海上丝绸之路

海上丝绸之路，是古代中国与国外交通贸易和文化交往的海上通道，因丝绸是主要的运输物，古称"海上丝绸之路"。它以徐闻港、合浦港等为起点，连通广阔的欧亚大陆，推动着东西方国家的交流合作。

15世纪初期，古代海上丝绸之路发展到鼎盛，郑和率领船队七下西洋，开创了中国远洋航海的新时代。泉州湾古船陈列馆，保存有郑和船队第五次下西洋时遗留在泉州港口湖的一个重达785.3千克的铁锚。

你好，中国港

古代中国，尤其是在唐、宋、元、明前期，中国东部沿海的许多港口都是海上丝绸之路的始发地，其中尤以广州、宁波、泉州最为闻名。通过这条著名的海上丝绸之路，曾有大批的丝绸、瓷器、茶叶、典籍、金银等源源不断出口到世界各地，同时又有国外的香料、玉石、明珠等络绎不绝地被输入中国。

小知识

作为一项持续两千多年、涉及范围达半个地球的人类历史活动，海上丝绸之路对促进东西方文化、经济交流发挥了重要作用，引起"世界遗产"委员会的极大关注。泉州因保有众多丰富多元的历史文化遗产，被联合国教科文组织认定为海上丝绸之路的起点。

中国现代的港口

自"一带一路"倡议提出以后,中国港口作为其重要节点,发展步伐更加扎实,成绩更加显著。中国港口集装箱吞吐量已连续多年位居世界第一,成为世界上港口吞吐量、集装箱吞吐量最多,增长速度最快的国家。

上海港

作为中国沿海的主要枢纽港,上海港是长江东西运输通道与海上南北运输通道的交会点。

深圳港

深圳港位于广东珠江三角洲南部,水深港阔,海岸线绵长,是华南地区优良的天然港湾。

宁波舟山港

宁波舟山港背靠经济发达的长江三角洲,是江浙和长江流域的海上门户,现已发展成为华东沿海重要的区域性港口。

香港港

香港港是我国的天然良港,是全球最繁忙、效率最高的国际集装箱港口之一,也是全球供应链上的主要枢纽港。

广州港

广州港地处珠江三角洲地区中心,国际海运通达80多个国家和地区的300多个港口。现已成为国家综合运输体系的重要枢纽和对外贸易的重要口岸。

青岛港

青岛港位于山东半岛南岸的胶州湾内,是太平洋西海岸重要的国际贸易口岸与海上运输枢纽,为我国第二个外贸亿吨吞吐大港。

天津港

天津港地处渤海湾西端,是环渤海与华北、西北等内陆地区距离最短的港口,现已形成颇具规模的立体交通集疏运体系。

厦门港

厦门港位于福建东南的金门湾内,九龙江入海口,是东南沿海的一个天然良港,主要担负厦门和福建省内的外贸运输业务。

你好，中国港

大连港
大连港位于辽东半岛南端的大连湾内，港阔水深，冬季不冻，是东北地区最重要的综合性口岸。

营口港
营口港位于辽东湾辽河入海口，拥有悠久的历史，曾为东北地区唯一通商口岸。伴随着港口的不断建设，已与50多个国家和地区的140多个港口建立了航运业务关系。

全球吞吐量排名前十的超级大港，中国已包揽了七个

宁波舟山港成为全球第一个超过十亿吨大港。上海港，位居全球集装箱吞吐量第一。洋山港四期无人码头，有一颗跑得快的中国芯，是全球单体最大的自动化码头。内河苏州港，江海河联运让这里的内河吞吐量增速达到全球之首。海岸线的南端，广州、深圳与香港三个国际深水港紧密相连，它们手挽着手，为珠三角众多的工厂助力，让世界爱上中国造。天津港，中国北方的港口，这里是全球航道等级最高的人工深水第一大港。秦皇岛港，这里有全球最大的煤炭码头。青岛港，这里有全球一流的45万吨级原油码头。中国港口，和蔚蓝的大海拥抱！

这就是中国

北方港口：大连港

大连港位于东北亚经济圈中心，地处辽东半岛大连湾，是中国北方面向太平洋、走向世界的海上门户。大连港港阔水深，不淤不冻，拥有现代化专业泊位100余个，万吨级以上泊位70余个，货物吞吐量名列世界前茅。

大连港拥有目前国内最先进的30万吨级原油码头以及国内港口规模最大的原油罐群，年通过能力高达8000万吨，是东北地区重要的油品及液体化工品储转分拨基地；拥有占东北口岸97%的外贸集装箱吞吐量，是东北地区最大的集装箱枢纽港；拥有适航能力强、装载能力强、抗风等级高的大型客运滚装船舶。

南方港口：宁波舟山港

宁波舟山港地处我国大陆海岸线中部，位于"丝绸之路经济带"和"21世纪海上丝绸之路"两翼交会的枢纽位置，是江浙和长江流域的海上门户。港口条件优越，拥有众岛屿作为天然屏障，货物吞吐量连续多年居于世界首位，是全球最大的综合港。

你好，中国港

中部港口：上海港

上海港依江临海，地处长江三角洲前缘，扼长江入海口，居我国大陆海岸线的中部，是长江东西运输通道与海上南北运输通道的交会点，是中国沿海的主要枢纽港，是我国参与国际经济大循环的重要口岸。上海港集装箱吞吐量稳居全球第一，上海洋山港四期自动化码头是全球最大的单体全自动化码头，也是全球综合自动化程度最高的码头。

小知识

保护港口环境是港口发展的前提。港口作业过程中可能会产生诸如灰尘污染、油污染、噪声污染等问题，为防止环境污染和生态破坏，港口可采取以下措施：利用吸尘、喷水的方法减轻尘雾飞扬的污染；利用管式带式输送机、全封闭结构、防尘溜筒改善防尘效果；采用岸电以减少船舶对水域的污染；采用油改水、油改电的方法，降低油排放量；加强对设备的防尘、防腐、低噪声、无污染等方面的技术开发力度。中国在树立和推动与环境和谐的绿色港口发展理念。

未来的港口什么样？

"智慧港口"是集互联网、物联网和码头自动化技术为一体的多边界属性的系统化大港口生态圈。它代表着未来港口的发展方向，孕育着新的机会和可能性。"智慧港口"的设施配置主要涉及交通运输基础设施网络、信息化基础设施网络和港口运输装备三部分。

小知识

在保证生产安全、运营高效的前提下，自动化码头赢得越来越多港口的青睐。人工智能及大数据运用等与当今港航经济的发展潮流相契合，数字化科技将给码头生产和码头供应链带来全新的变化。

你好，中国港

"智慧港口"代表着未来港口发展的方向，成为港口转型发展的关键。使用自动化码头全套系统，操作人员由过去弓着腰、低着头的操作姿式变成了看屏幕、动鼠标的轻松高效工作方式。所需工人总数的减少，不仅降低了码头用工成本，更能最大限度地减少人机接触，保障人员安全。数字化将给码头生产和码头供应链带来全新的变化。

洋山港四期全自动化无人码头是目前全球综合自动化程度最高的码头。当前，洋山港所在的上海港年吞吐量将突破4000万标准箱，这将是美国所有吞吐量的总和，达到全球吞吐量的十分之一。

"一带一路"让中国港口走出去

👉 2013年秋，国家主席习近平西行哈萨克斯坦、南下印度尼西亚，先后提出建设"丝绸之路经济带"和"21世纪海上丝绸之路"重大倡议。

👉 2015年3月28日，我国对外发布《推动共建丝绸之路经济带和21世纪海上丝绸之路的愿景与行动》。

👉 曾经长达数十天的货运时间，如今缩短到几天，在连云港开创的欧亚大陆海陆联运合作新模式实施下，货运效率大大提升。哈萨克斯坦这个世界上最大的内陆国由此有了通向太平洋的出海口。在汽笛轰鸣中，中欧班列厦门至布达佩斯直通线正式运行，疾驰在亚欧大陆上的列车，将"中国梦"与"欧洲梦"紧密相连。

你好，中国港

地处巴基斯坦南部的瓜达尔，位于波斯湾咽喉的附近。瓜达尔港是一个可以停靠 8—10 万吨油轮的深水港，能够缩短非洲、欧洲及中东地区的货运距离。2016 年，由我国援助的瓜达尔港正式开航，这标志着中巴经济走廊大动脉畅通，意味着"一带一路"倡议支点的突破。

这就是中国

你知道吗？

为什么大连港是环渤海湾唯一的不冻港？

首先，大连港港区纬度较低，温度相对较高，且港阔水深，离公海较近，易吸收公海的热量。其次，大连港没有内河入海口，同样温度下相对其他盐分较低的港口，不易结冰。

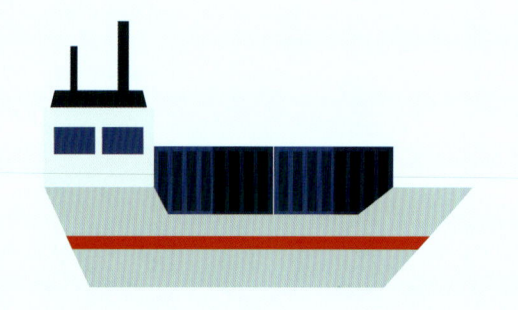

为什么是邮轮不是游轮？

"邮轮"的原意是指海洋上的定线、定期航行的大型客运轮船。"邮"字本身具有交通的含义，在航空运输广泛应用之前，国际间的邮政业务主要靠远洋客船承担，故此得名。

关于集装箱的冷知识

❶ 大约仅有一半的集装箱为船舶公司所有，其余的集装箱皆以租赁的形式运营，租期为 1 年到 10 年不等。

❷ 为避免货物污染，ISO 罐的使用遵守"专罐专用"的原则，如装载食物的 ISO 罐，只允许装载食物，不可用于装载其他类型货物。

❸ 世界上 97% 的集装箱为中国制造。

❹ 集装箱一般使用寿命约为 30 年，40 尺柜的使用寿命往往比 20 尺柜要长，因为 20 尺柜常常满载甚至超载。

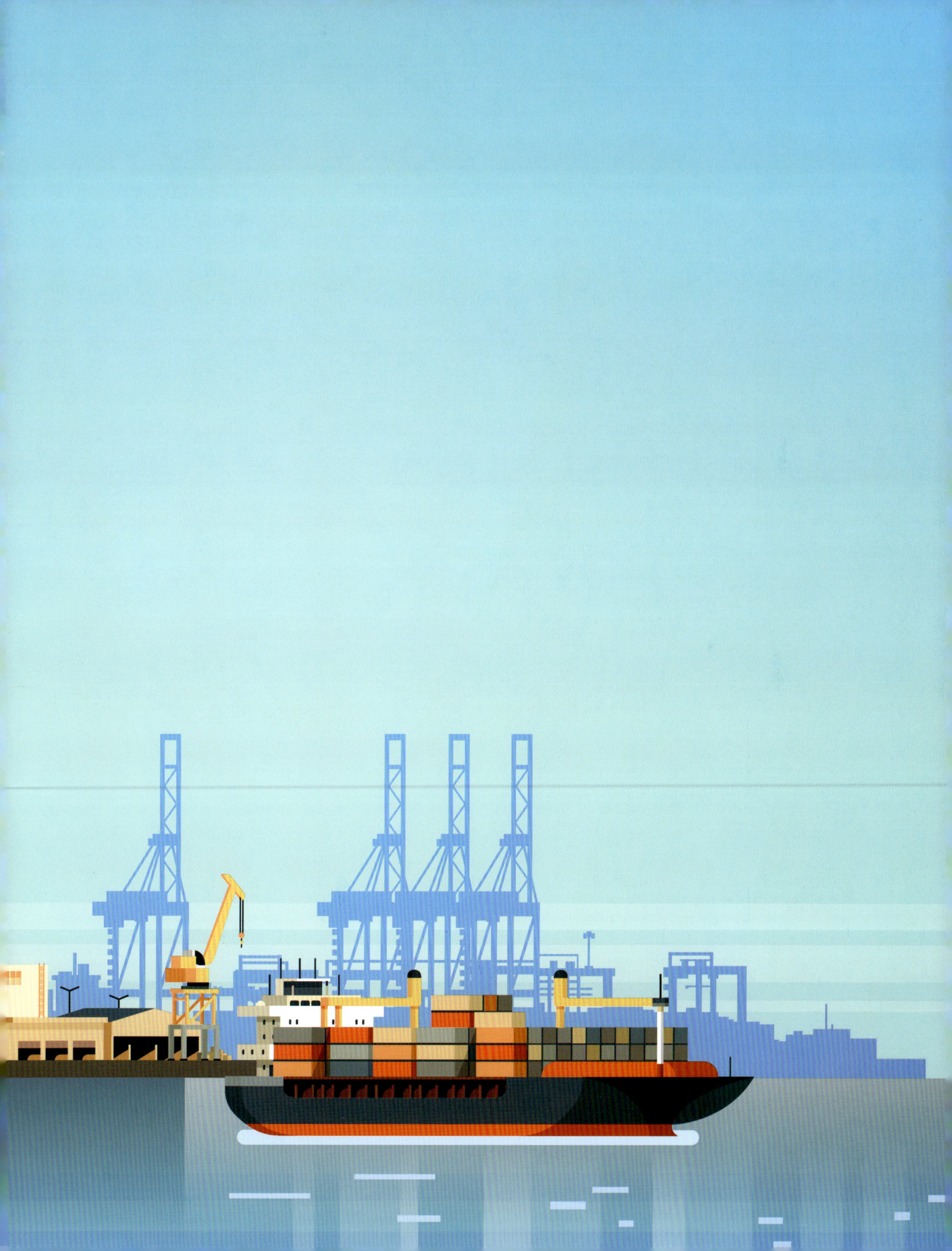

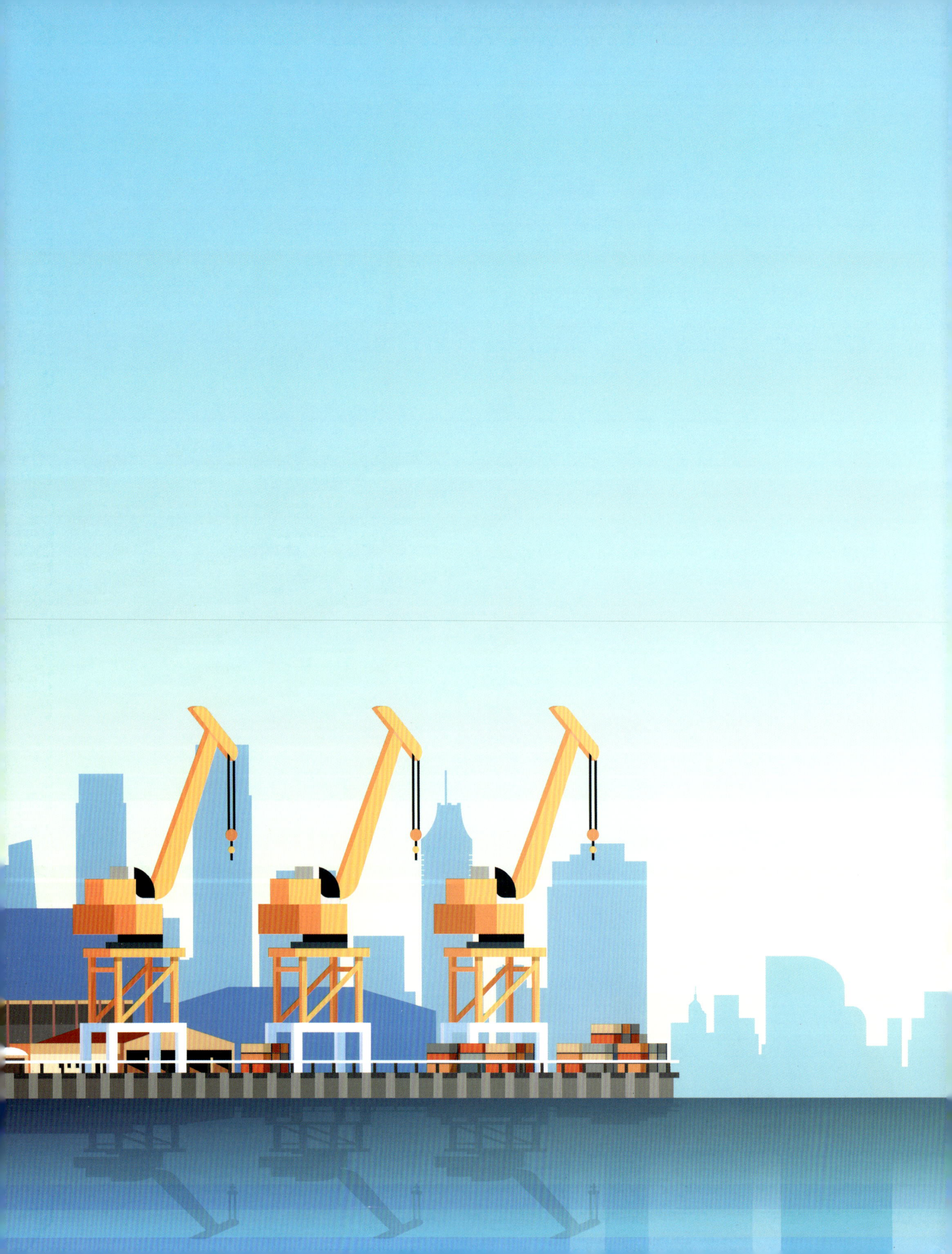